ACTES SUD JUNIOR
est dirigé par Madeleine Thoby

COMPTINES SOUS UN CHAPITEAU

Du même auteur

Une petite flamme dans la nuit
BAYARD

Le Fils de l'ogre
HOËBEKE

Qu'est-ce que j'ai dans la tête ?
FLAMMARION

Zéro pour Zorro
Les Contes de la bouche et de l'oreille
MØTUS

Edgar n'aime pas les épinards
RAGEOT

Des mêmes illustrateurs

Adieu Monsieur Poméranie
Mort à l'homme
Bouldouce
HARLIN QUIST

Le Pourquoi pas
O Pipabulle
HACHETTE

Vivre au Sahara avec les Touaregs
Histoire de la naissance
Les Petits Malheurs
GALLIMARD

ISBN 2-7427-1263-1

Loi 49-956 du 16 juillet 1949
sur les publications destinées à la jeunesse

Les Petits Bonheurs

FRANÇOIS DAVID

COMPTINES SOUS UN CHAPITEAU

Illustrées par
ROZIER-GAUDRIAULT

ACTES SUD JUNIOR

Pour Sophie

L'affiche

Sur l'affiche
Un fauve rugit :
« Venez, venez, pauvres et riches,
Applaudir les numéros de magie,
Les acrobates
Les plus bath,
Les trapézistes
Les moins tristes,
Les clowns et les dompteurs,
Pour rire et pour avoir peur.
Allez, allez, c'est près d'ici. »
Maman ! Tu nous y amènes, dis ?

La parade

Ohé ! Ohé ! C'est la parade,
Tout le cirque est en promenade !
Avec les ours et les chevaux,
Les éléphants et les chameaux.

Regardez les clowns et les magiciens,
Et ces petits chiens qui dansent si bien.
Hé ! Vous entendez les trompettes !
Ho ! Vous voyez les marionnettes !

Et tous ces costumes aux vives couleurs
Qui resplendissent de bonheur.
Ah ! Ce désir qui pique, pique
D'aller vite, vite au cirque.

La musique de cirque

La musique de cirque
Annonce qu'il est l'heure :
Que s'allument tous les projecteurs.

La musique de cirque
Fait toujours un peu peur
Quand les lions défient le dompteur.

La musique de cirque
Accompagne les jongleurs
Et se déchaîne pour les farceurs.

La musique de cirque
Parfois pleure
Quand le violon déchire les cœurs.

La musique de cirque
Imprime chez les spectateurs
Les sonorités du bonheur.

Le lion

Le lion bâille
Comme un gros chat,
Il se prélasse
Comme un gros chat

Il lance la patte
Comme un gros chat
Joue les pachas
Comme un gros chat

Mais quand le lion rugit,
Il fait trembler le chapiteau,
Nul chat ne fait miaou comme ça.

Finalement non,
Le lion,
Ça n'est pas un gros chat !

Le jongleur

Avec trois balles
Le jongleur
A déjà beaucoup de mal.

Avec quatre,
C'est bien pire.
Avec cinq,
Toutes tombent sur la piste
Et avec six,
C'est encore plus triste !

Mais quand il en prend trente-huit
Ça alors ! Les balles
Ne tombent plus par terre :
Elles restent suspendues en l'air.

Le clown qui ne fait pas rire

Le clown crie des plaisanteries
Mais personne ne rit.
Le clown glisse et tombe par terre
Mais chacun continue de se taire.

Le clown essaie toutes les mimiques
Mais le silence règne sur le cirque.
Le clown reçoit de grands seaux d'eau
Mais pas un bruit sous le chapiteau.

Soudain le clown retire
Les boulettes en cire
De couleur groseille
Qui lui bouchaient les oreilles.
Le clown enfin entend les rires
Qui éclatent à n'en plus finir.

L'otarie

L'otarie
Rit
Dans ses moustaches.

Le phoque
S'en moque
Et il tâche

De lui voler sa ration
De poissons :
Il les cache.

L'otarie
Ne rit
Plus du tout : elle se fâche.

L'écuyère

L'écuyère
Depuis hier
Présente avec son frère
Un numéro plein de mystère
Car son cheval porte des œillères,
Deux gentilles petites écolières,
Une grand-mère bonne cavalière
Et une panthère
Sans muselière.

L'éléphant

L'éléphant
Se dandine sur ses quatre pattes.
Puis il lève une patte
Et ne s'appuie que sur trois pattes.

Ensuite il se dresse
Tout droit sur deux pattes.
Et maintenant,
C'est encore bien plus surprenant :
Il n'est que sur une seule patte.

Ma sœur m'assure
Qu'elle l'a même vu sur zéro patte.
Mais c'est vrai qu'un éléphant
Ça trompe, ça trompe
Énormément.

Le magicien

Le grand magicien
Saisit un petit chien
Et, de sa baguette magique,
Le pique.
Puis il le cache dans son chapeau
Et il prononce les fameux mots :
ABRACADABRA
QUI C'EST-Y QUI EST LÀ ?
À la place du chien, un oiseau
S'envole sous le chapiteau.

Les chaises

Une chaise
Sur une chaise.
Et une autre chaise
Sur la troisième chaise.
Une cinquième chaise,
Puis une sixième chaise,
Une septième
Et une huitième chaise.
Et une petite fille
Sur la neuvième chaise,
Si haut, si haut
Qu'il faut
Que tout le cirque se taise.
Mais elle paraît très très à l'aise
La petite dompteuse de chaises.

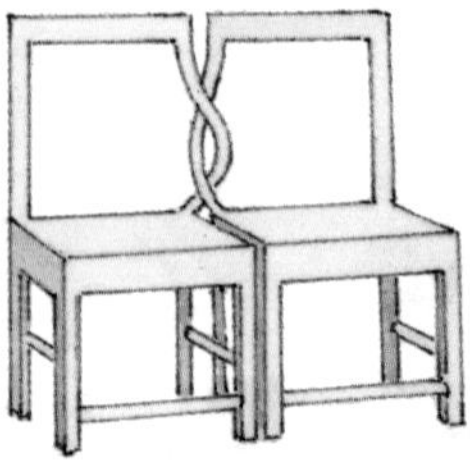

Le chien savant

Jonathan,
Le chien savant,
Compte avec ses pattes de devant.
Il sait jouer du pipeau
Avec le bout de son museau
Et remuer ses oreilles
Qui tournent comme des abeilles
Il aboie en chinois
En latin et en iroquois
Et fait même des vers
Sans dictionnaire !

L'ours polaire

L'ours polaire
Fait des haltères
Sous le chapiteau.

Ça réchauffe l'atmosphère
De le voir faire
Ainsi le zigoto.

Pardon de vous déplaire
Mais j'aimerais qu'il change d'air
Et replonge dans l'eau.

Monsieur Loyal

C'est Monsieur Loyal
Qui conduit le bal
Et qui annonce dans son micro
Les numéros.
Il prend un sourire triomphal
Pour renseigner la salle.
Et dans son habit rouge et noir
Il vante tout ce qu'on va voir.
Même s'il ne sait vraiment rien faire,
Même si ce n'est pas lui que je préfère,
Je trouve qu'il ne s'y prend pas mal,
Monsieur Loyal.

À l'entracte

Maman mange de la barbe à papa,
Ma sœur prend un billet de tombola,
Mais le chimpanzé veut le lui chiper
Dans la ménagerie qu'on va visiter.
Il y a des serpents, il y a des scorpions,
Il y a des pumas, il y a des mouflons,
Et un crocodile
Qui a l'air docile.
Mais l'entracte se termine, venez vite !
Il ne faut pas manquer la suite.

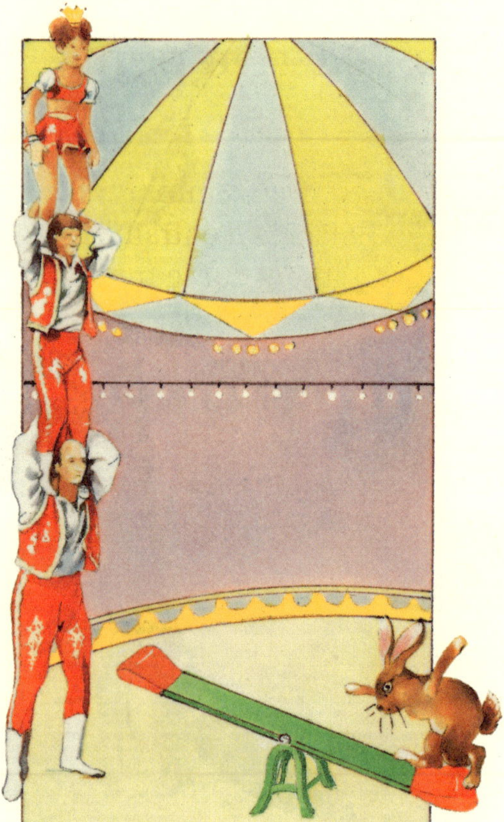

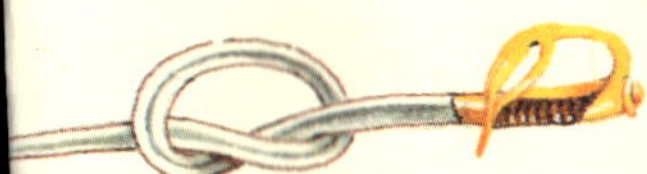

Le tremplin

Des gamins
Pleins d'entrain
Qui sautent sur le tremplin
Et se récupèrent par les mains
Ou sur les épaules des copains.
Et le public sur les gradins
Applaudit ces p'tits diablotins
Aussi souples que des félins
Aussi légers que des lapins.

Des numéros extraordinaires

Ce n'est pas un cirque ordinaire
Car on y voit des numéros
Avec des fourmis
Des puces
Des mouches
Des coccinelles
Des cigales
Et des hannetons.
Pour mieux goûter les numéros
On donne à tous les spectateurs
Des microscopes.
Mais ils peuvent aussi à plat ventre
Voir et applaudir les artistes.

L'avaleur de sabres

L'avaleur de sabres a faim.
Il n'a mangé depuis ce matin
Qu'un tout petit couteau
En attendant son numéro.
Enfin c'est son tour :
Il entre en piste et savoure
Les sabres comme des petits fours.

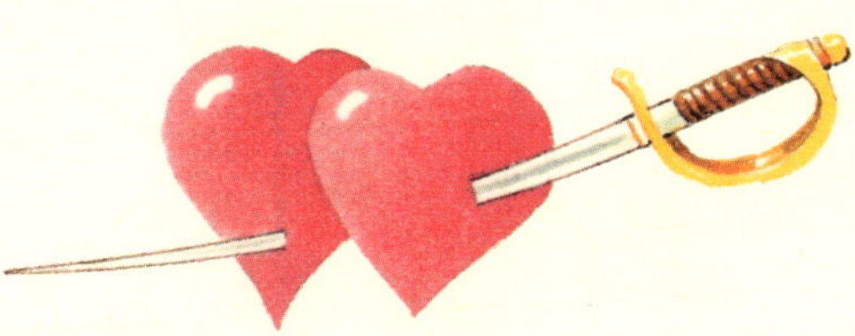

Le singe

Le singe
A mis du beau linge
Pour son numéro.

Il a fière allure
Avec ses dorures
Sur son vélo.

Il fait des grimaces
Et ramasse
Tous les bravos.

Il s'applaudit et rit
De ses propres singeries
Qu'il est rigolo!

Le trapéziste

Le trapéziste est un voleur.
Il vole
Quand il se lance
Dans le grand vide
Et vite
Attrape les mains
Que lui tend sa jolie partenaire
Qui a volé
L'autre trapèze.

La peur du petit spectateur

Pendant le triple saut périlleux
Je veux toujours fermer les yeux.
J'attends que le tambour retentisse
Et que le numéro finisse.
Quand l'artiste salue, j'applaudis :
C'était bien, splendide, inouï.
Pourtant lorsqu'il était en l'air
Je n'avais pas les yeux ouverts !

Les goûts du cirque

Lucien aime les magiciens.
Baptiste aime les trapézistes.
Ma sœur aime les jongleurs.
Léon adore les lions.
Julien guette l'arrivée des chiens
Et Bruno celle des chameaux.
José admire les chimpanzés.
Agathe aime les acrobates
Et Ferdinand les éléphants.
Marie admire les otaries,
Tim et Kim préfèrent les mimes
Et Olivier, les cavaliers.
Et moi ? J'aime tout, tout ça !
Tout le cirque me met en joie !

Sur un fil de fer

Sur son fil de fer
Elle avance sa jambe fière
Et pose dessus d'un pied sûr
Le bout léger de ses chaussures.
On se dit : « Mais comment s'y prend-elle
Même si elle se sert d'une ombrelle
Pour ne pas tomber dans les airs ?
Vivat ! Bravo ! Il faut le faire ! »

Les garçons de piste

Ils se précipitent
Tous en piste
Entre chacun des numéros,
Les garçons de piste.

Ils ôtent la cage des lions
Le crottin des chevaux
Et le filet des trapézistes,
Les garçons de piste.

Ils arrivent les tout premiers
Planter le grand chapiteau
Sur des terrains de cailloux durs,
Les garçons de piste.

Et ils repartent les derniers
Quand les spectateurs sont rentrés
Et rêvent dans leurs lits douillets
Aux garçons de piste.

Le clown qui fait rire

Quand le clown glisse par terre
Il fait rire.
Quand le clown crie trop fort
Il fait rire.
Quand le clown joue de la musique
Il fait rire.
Quand le clown jette des larmes
Il fait rire.
Quand le clown reçoit des claques
Il fait rire.
Mais quand le clown s'en va
Il ne fait plus rire.
On rêve déjà de revenir au cirque
Pour que le clown nous fasse rire.

Toujours plus haut

Le chien monte sur le cheval
Le cheval sur le tigre
Le tigre sur la gazelle
La gazelle sur l'éléphant
Et l'éléphant sur le chameau.
Le chameau saute sur la chèvre
La chèvre sur le rhinocéros
Le rhinocéros sur le zèbre
Et le zèbre sur la girafe.
Seulement la girafe est si haute
Si haute
Qu'elle transperce le chapiteau
Et tous continuent dans le ciel
Leur numéro sensationnel.

Le finale

Au cirque le dernier numéro
N'est pas comme les autres numéros.
C'est le finale et les artistes
Font ensemble un dernier tour de piste.
Ils agitent très haut les bras
Sous les bravos et les vivats.
On est si heureux de leur dire
Merci pour les peurs et les rires.
Mais on se sent aussi bien tristes
De devoir quitter les artistes.

Table des comptines

Conception graphique, direction artistique
et réalisation : Repères Communication.

Reproduit et achevé d'imprimer
en mai 1997
par l'imprimerie Clerc
à Saint-Amand-Montrond
sur papier des
Papeteries de Jeand'heurs
pour le compte des éditions
ACTES SUD
Le Méjan
Place Nina-Berberova
13200 Arles.

Dépôt légal
1re édition : juin 1997
N° imprimeur : 6527
(Imprimé en France)